本书得到科普教育基地专项经费支持

The Secrets of Ancient Ships and Their Navigation

古船与航行的秘密

宁波中国港口博物馆 编著

宁波出版社
NINGBO PUBLISHING HOUSE

本书编委会

主　编　冯　毅

副主编　吴　凤　杜　宁

编　委　张秉豪　项心妍　宿艳娇　杨家玮　夏娴迪

目录

大家搭乘过船吗？搭乘的是景区的游船，渡江的客船，还是开到另一个国家去的大型邮轮呢？

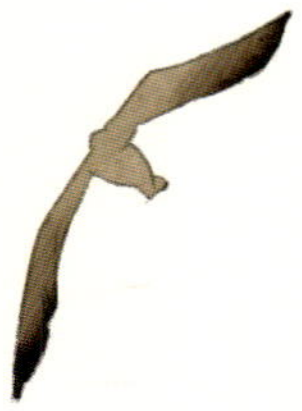

船将我们活动的范围延伸到了水域，增加了游玩的乐趣，方便了我们的出行，提高了货物运输的效率，是一种非常有用的交通工具。

现在大家看到的船大都是金属制造的，靠电力或石油等燃料驱动，这样的船更加结实，更加高效。那么，我国古代的船是什么样的呢？可以抵抗住风浪的袭击吗？可以快速地到达目的地吗？

这本书将带着大家看一看古代的船，并一步步揭开古船航行的秘密。

船在中国出现得相当早，由最简单的筏和独木舟一步步发展成结构复杂的木帆船。我们先来了解一下古船发展的历史吧。

船出现以前古人是如何渡水的呢？

游泳

人体本身在水中受到一定的浮力，面对一些不宽、不深的河流或池塘，人们只要游过去就可以了。

但是，因为人体本身受到的浮力有限，水流的缓急、深浅又难以测定，直接游过去经常会遭遇危险，于是古人想到了利用工具来增加浮力的方法。

葫芦

中国种植葫芦的历史相当悠久。葫芦壳结实，可以制成各种生活器具。完整的葫芦掏空后，质量轻、所受浮力大、不透水，很早就被人们用作渡水的工具。

- 渡水时把几个葫芦拴在腰间，可以增加浮力，古人称其为“腰舟”。

浮囊

有些地方的人会将饲养的牲畜的皮制成皮囊后充气，抱着它渡河。

浮水的奥秘

物体为什么可以漂浮在水面上？大家知道物体会下沉是因为它受到向下的重力，而水对物体有向上的浮力，浮力来源于物体上表面和下表面受到的压力差，浮力的方向和重力相反。可以简单地理解为：重力要把所有想跑的物体拉回地面，而浮力则帮助其离开地面。

物体在液体中所受浮力的大小，跟它浸在液体中的体积和液体的密度有关。水对物体的浮力等于物体所排开的水的重力。任何一个物体，只要它在水中排开水的质量大于它自己的质量，它就能在水中漂浮，像羽毛、纸片、木棍等都可以轻易地漂浮起来。

葫芦、皮囊等因为中间空，所以具有质量轻、体积大的特点，更能浮于水面。后来发展起来的船舶，虽然具有相当大的质量，但因为中间空、体积大，排水量大，依然可以在水面上航行。

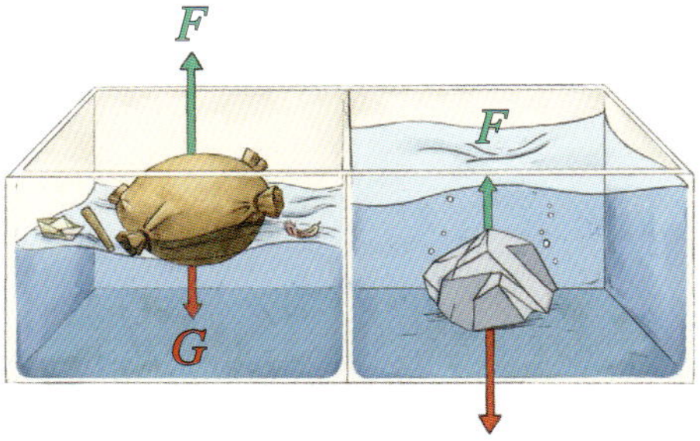

• F：浮力；G：重力

浮囊的制作方法

① 宰杀牲畜时，先将头部割去，稍切开颈部，去掉四蹄。

② 将整块皮翻剥下来。

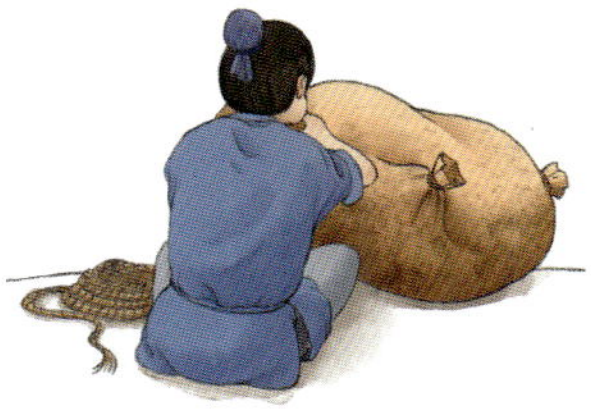

③ 加工后再把颈部和三个蹄部的孔口系牢，留一个孔作为充气孔。

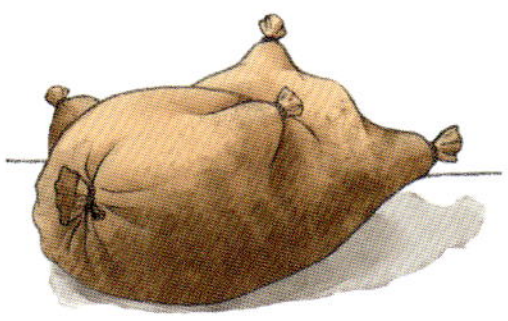

④ 把皮囊吹鼓，再结扎充气孔，一个浮囊就完成了。

筏

古人发现树干或竹竿也可以浮在水面上，便利用它们渡河。但树干或竹竿是圆柱形的，在水中容易翻滚，所受浮力也不够大。古人便把两根以上的树干或竹竿并拢，用藤条或麻绳绑住，筏便诞生了。

- 虽然现在统一叫作“筏”，但古人把树木做成的叫作“栰”，把竹子做成的叫作“筏”。

西北地区还发展出了皮筏

把好多个浮囊编扎在一起，就成了皮筏。皮筏比竹筏或木筏轻便，并且所受浮力更大，更安全可靠。如今在甘肃和宁夏的黄河边上还能见到小型的羊皮筏。

独木舟

独木舟是最早出现的真正意义上的船，由整块原木刨凿而成。古人用石凿、石锛等工具，在树干中间挖出槽，就可以坐在里面，划水而行了。

第一艘独木舟是什么时候出现的？又是谁发明的？

《易经》说黄帝、尧、舜“刳木为舟，剡木为楫”—— 挖空木头做成舟，切削木头做成桨；《世本》说是黄帝的臣子共鼓、货狄二人发明了舟；《墨子》说是巧倕或后稷做成了舟；《吕氏春秋》说是舜的臣子虞姁，《发蒙记》说是舜的臣子伯益，《舟赋》说是黄帝的臣子道叶……

中国古籍里关于舟的发明人众说纷纭，但总逃不出是黄帝或尧舜禹时期的人。说明早在神话传说和历史交叠不清的远古时代，人们便已经利用独木舟来渡水了。但在考古工作中发现的舟却比黄帝和尧舜禹时期还要早得多。浙江萧山跨湖桥新石器时代遗址出土的独木舟是我国发现的最早的独木舟实物，距今已经有 8000 年历史了。

商代出现了木板船

独木舟向木板船演变是造船史上的一大跨越。我国最迟在距今约 3000 年的商代就已经开始建造木板船了。

甲骨文

金文

- 从商代甲骨文里的“舟”字，可以看出它所表征的船是由纵向和横向构件组合而成的。这是商代出现木板船的一个证明。“舟”字的横线，代表肋骨或舱壁等构件，它既能支撑两舷的纵向板材以加固舟体，又能将舟体分隔成若干隔舱，最重要的是可以将纵向板材接长，用较短的木板造出更长的船。

春秋战国时期战船发挥巨大作用

春秋战国时期，依据功用的不同发展出了各式各样的船。如追求速度的轻舟、扁舟，适用于短途交通运输的舲船等，国君出行则乘坐装饰豪华的艅艎。

由于各诸侯国之间战争频繁，江南地区的战船快速发展起来。据史书记载，吴国的战船就有大翼、中翼、小翼、突冒、楼船、桥船等许多种类。

河南山彪镇一号墓出土战国水陆攻战纹铜鉴纹样

▲ 战国时期的铜壶或铜鉴上经常刻有水战图的纹样，可以看出当时战船的样式。铜器上的水战画面，往往绘有左右相对的两艘战船，形制也大致相同，都是船身修长，船尾起翘。战船设有甲板，战士在甲板上作战，划桨手在甲板下方的船舱内划船。

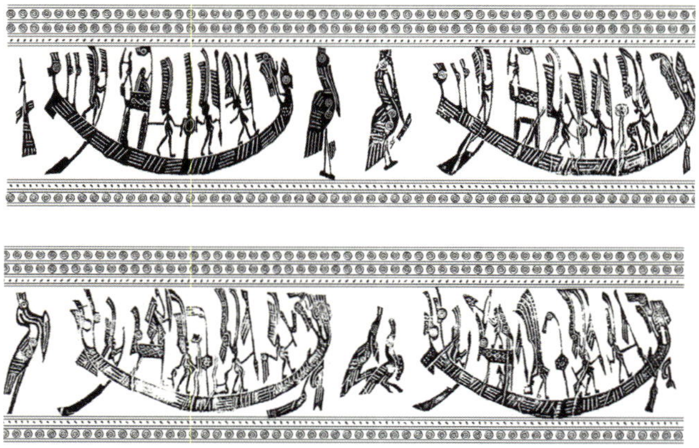

战国 船纹青铜缶
（宁波中国港口博物馆藏）

汉代发明了船舵

秦汉时期，随着航海和漕运事业的发展，船的制造技术也大大提升了。多桅多帆和舵的使用让船的操纵更加容易，铁钉的应用让船更加坚固。

南北朝就有轮船了

魏晋南北朝时期，由于战争频繁，造船业进一步发展。许多发明运用于战船，据说最早的轮船就出现在这一时期。

这一时期还出现了一些装饰豪华的游船，如晋代顾恺之的《洛神赋图》中所绘的双体游舫。

1 游舫由两条船合并而成，具有良好的稳定性。

2 靠篙推动游舫前进。

3 甲板上建有暖阁，并设有遮阳篷。

4 尾部有操纵桨，能控制方向。

车轮舟

现在经常把行驶在江河湖海里的各种大船称作轮船，那是因为在蒸汽时代，西方人发明了利用蒸汽动力推动的轮桨，改造了当时的船舶。虽然后来轮桨逐渐退出了历史舞台，但轮船的叫法却从此流传了下来。

比起西方，中国的轮船出现得非常早，被称作“车船”或“车轮舟”，只是当时的轮桨并不是靠蒸汽推动，而是依靠人力。据说南北朝的祖冲之建造的千里船便是最早的车船。唐代的李皋设计制造了两侧各装有一个轮桨的战舰，由士兵用脚踩踏，带动轮桨转动，使船前进。

南宋时期，名将岳飞在和杨么起义军的战斗中，缴获了杨么使用的头尾装有轮桨的车轮舟，之后经过南宋水军的改进，发展出 4 轮、6 轮、8 轮、20 轮、24 轮、32 轮甚至 90 轮的车轮舟，成为南宋水军的重要装备。

唐宋元时期海贸船大发展

唐宋元是中国海上交通最繁盛的时期，海上贸易带来的收入成为政府的重要财政收入，因此造船技术在当时也得到了迅速发展。唐中叶以前，往来于南洋的海船大都是外国船，但到宋元时期，由于造船和航海技术突飞猛进，中国的海贸船几乎垄断了中国与印度之间的航线。

“南海一号”和新安沉船

近几年，宋元时期海贸货运船的沉船遗址在各个海域都发现了不少，最有名的就是在广东阳江海域发现的南宋沉船“南海一号”和在韩国全罗南道新安郡海域发现的元代新安沉船。

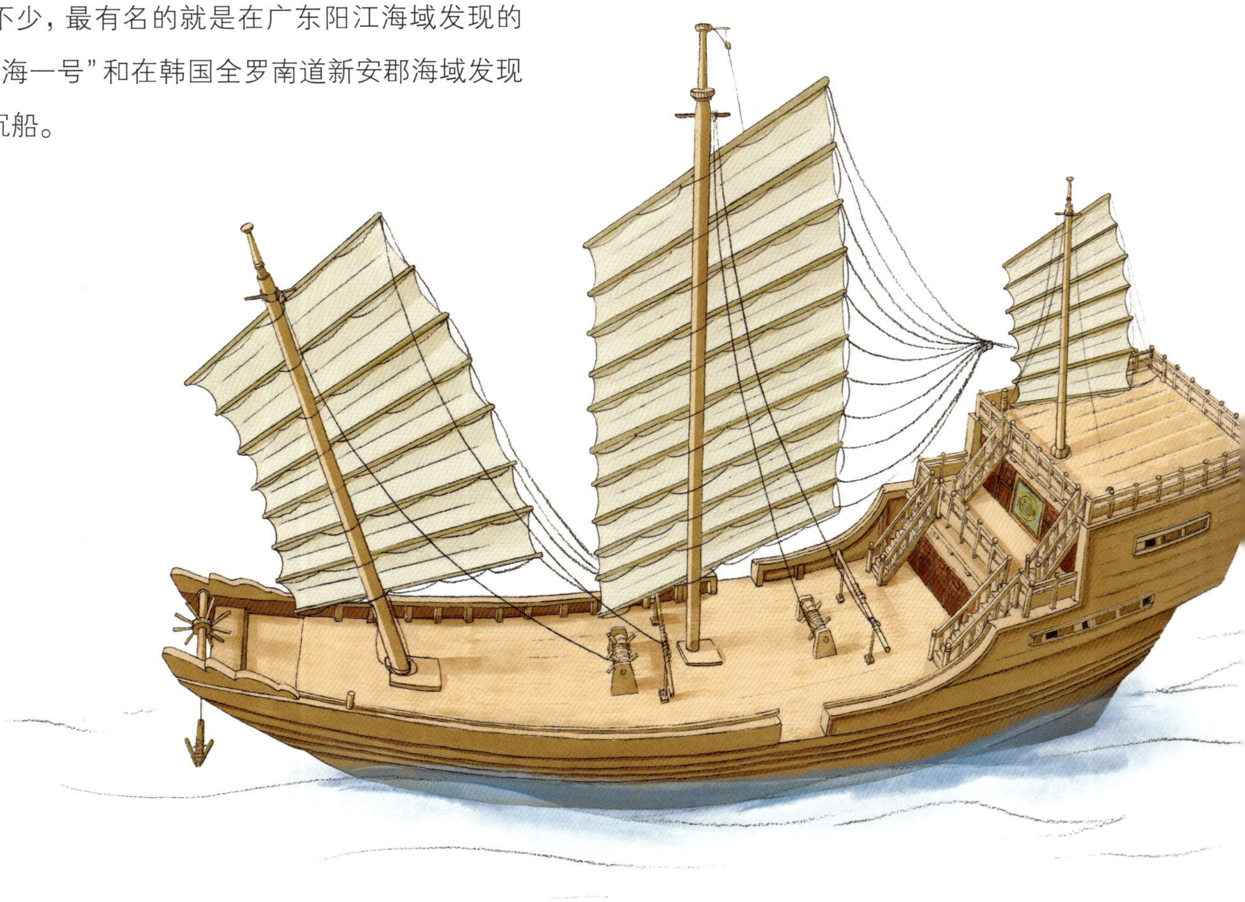

“南海一号”（依据复原图绘制）是典型的宋代商船，船头小，船底为“V”字形，尖底，便于破浪前进。身扁宽，体高大，吃水深，受到横向狂风袭击仍然能保持稳定。同时，结构坚固，船体有密封隔舱，加强了安全性。底板和舷侧板分别采用两重或三重大板结构，船上多桅多帆，便于利用多面风。

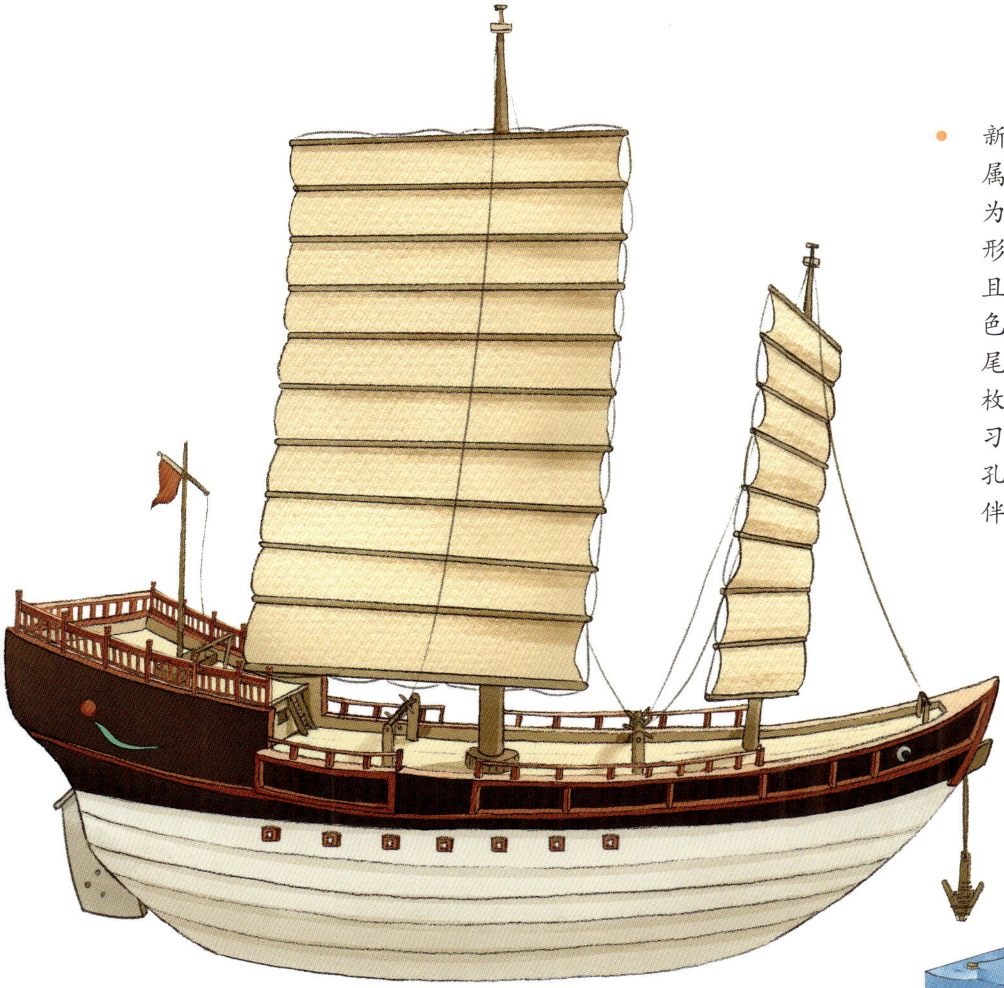

新安沉船（依据复原图绘制）的船型属于我国四大船型之一的福船，船头为略带方形的尖头，船底为尖底，船形短肥，全船分为七个舱室，舱室大且深，适宜装载众多的货物。最有特色的是新安沉船的主龙骨与首龙骨、尾龙骨的嵌接处安放有一面铜镜、七枚铜钱，这是福船建造时的一种传统习俗，即在龙骨的接头部位开挖保寿孔，安放铜镜和七枚铜钱，称为“七星伴月”。

沉船与水下考古

大海之上风云变幻，就算是再坚固、再安全的船只也难免遭遇危险。上千年来，有许许多多的船只被大海吞没，一直封存到今天。随着科学的进步，水下考古工作的展开，这些埋藏在水面下的历史，终于可以重新进入我们的视野。

水下考古是田野考古的分支，以人类水下文化遗产为研究对象，对淹没于江河湖海的古代遗迹和遗物进行调查、勘测及发掘。水下考古必须遵守严格的流程，科学发掘和打捞，才能最大限度地保留历史的信息。

水下考古发掘现场

明代制造出世界最大的木帆船
——郑和宝船

继承宋元以来的先进造船和航海技术，明代初期的海上交通事业拥有坚实的基础。中国历史上最伟大的航海行动——郑和下西洋，便由此拉开了帷幕。

为了扩大明帝国的政治影响力，加强与各国人民的友好关系，明朝的第三个皇帝朱棣派遣宦官郑和率领庞大的船队，于永乐三年（1405）到宣德八年（1433）七次下西洋。

郑和率领的船队，以巨大的宝船为帅船，每次出航船舶多达百余艘，随行人员多达二万八千人，经东南亚、印度洋远航亚非地区，最远到达红海和非洲东海岸，遍历亚、非三十多个国家和地区，在当时世界航海史上是仅有的。

- 郑和宝船是郑和下西洋船队的帅船，根据记载，船身总长125.65米，总宽50.94米，排水量14800吨，载重7000吨，是非常巨大的船只。

③ 运兵船：座船
长80米
6桅

④ 运输船：马船
长122米
6桅

⑤ 补给船：粮船
长92米
5桅

明末到清代，
古船发展进入成熟期

明代中后期到清代，受到海禁的影响，中国的船舶制造和航行技术逐渐落后于西方。但在这个时期，中国古船发展到成熟阶段，古船的类型依据功用被划分得非常细。同时，由于印刷业和纪实绘画的繁盛，当时的许多船型资料都以文字或图的形式被记录下来。

清代外销画里的船

清代中晚期，由中国画工绘制中国的风景、风俗，销售给外国人的外销画流行起来。由于它们多是在广州等港口城市绘制的，中国船便成为其中一个重要的题材。当时的许多船型资料都在外销画中被保留下来。

清《广州城珠江滩景图》

大船洋船是一艘典型的广东制造的远洋货船，因为两侧绘有巨大的眼球，俗称“大眼鸡”。

小船舢板是一种没有甲板的小型货运船。

大船运米船是在近海运输米粮的轻便货船。

小船横水渡是岭南地区常用的小型渡船，载货载人两用。

清代外销通草画（广州博物馆藏）

书籍里的船

明清时期出版的不少著作都留下了关于船的记载，并且配有精美的木刻版画。

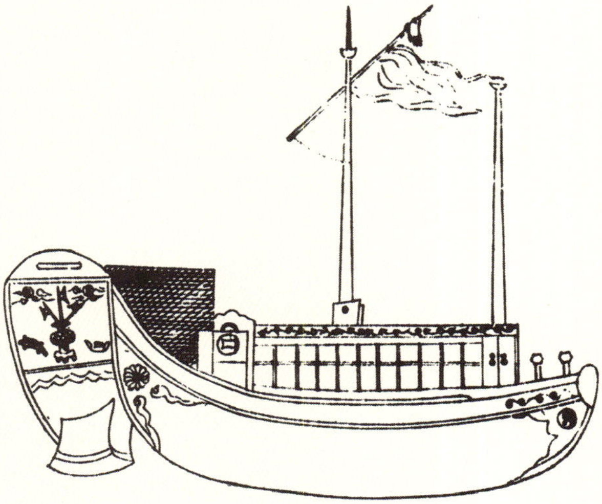

明《南船记》中的快船

清《江苏海运全案》中的三不像船行驶图

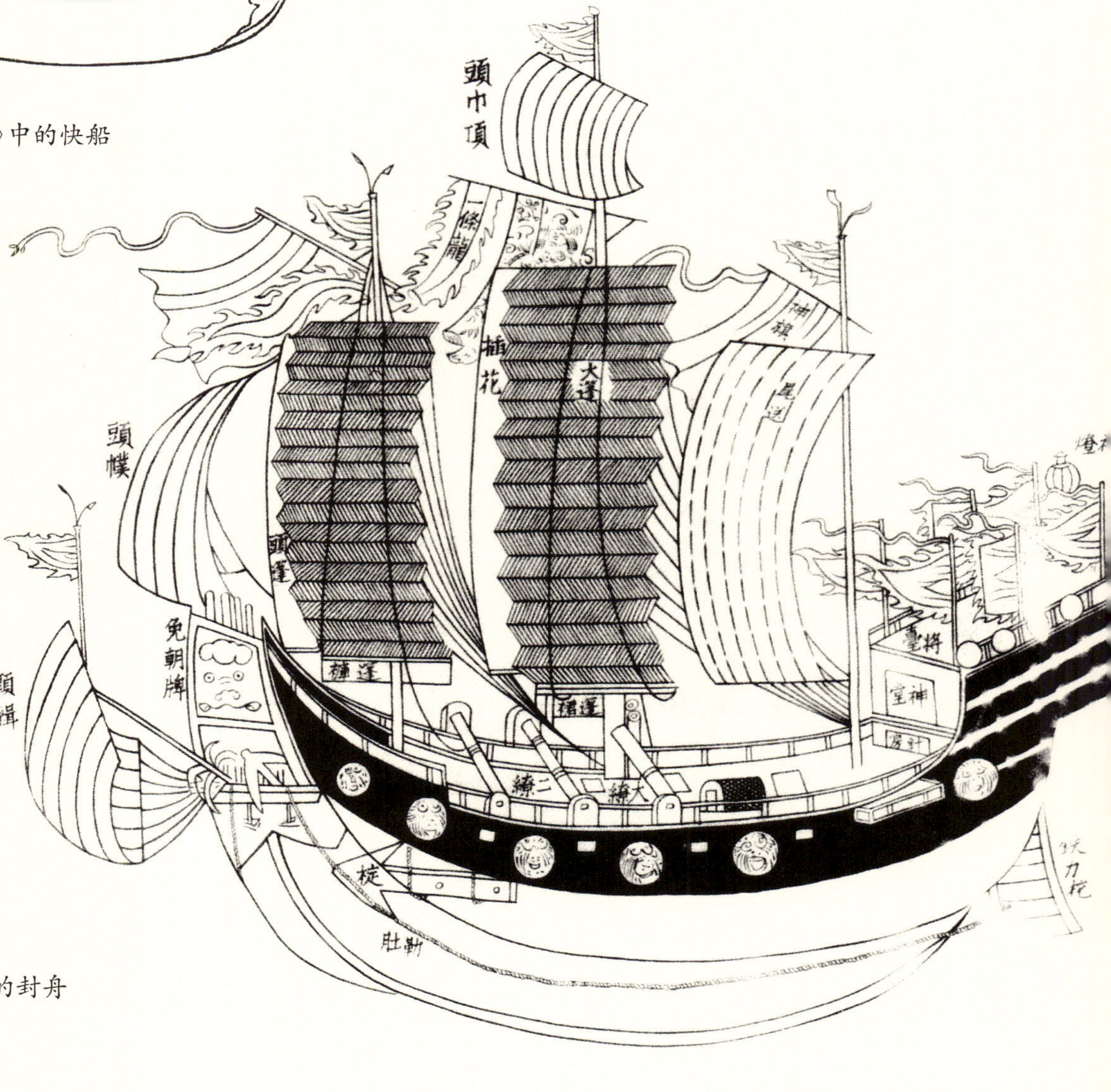

清《中山传信录》中的封舟

日本人绘制的《唐船图》

明末到清代中晚期的日本正处于闭关锁国的江户时代，长崎是其当时唯一对外开放的港口，主要针对中国人和荷兰人进行贸易，每年有相当数量的中国货船进出长崎港。中国船在日本被称为“唐船”，日本人绘制了许多精美的关于唐船的图像，为研究中国木帆船提供了珍贵资料。

《唐船图》中的宁波船与南京船

《长崎名胜图绘》中的《唐船入津之图》

清代晚期以后，西方近现代造船技术传入中国，传统的木帆船逐渐被更先进的采用金属外壳、依靠电力或燃烧石油等带动螺旋桨推进的现代船舶所取代，渐渐消失在人们的生活里。

各式各样的船

中国古船都是依照基本结构框架制造的木船，但因为用途的不同，演化出各式各样的形态。

渔船

渔船是捕捞和采收水生动植物的船舶，小到古诗中渔翁“独钓寒江雪”的小船，大到远洋的捕鱼船，都属于渔船。

元代唐棣《烟波渔乐图》中的渔船

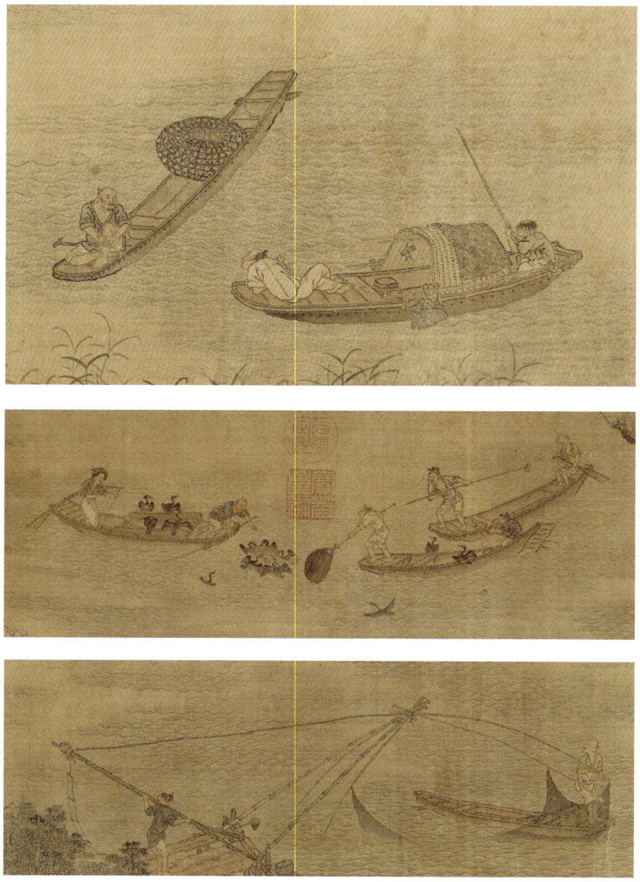

明代周臣《渔乐图卷》中的各种渔船

美国人 V. A. 索高罗夫绘制的远洋捕鱼船

另有一种非常小的采菱船，看起来就像一个大一点的盆，是江南一带下池塘采菱角专用的船。

客船

客船是用于运送旅客及其所携带的行李和邮件的船舶，行驶在内河或近海。有长途客船，也有仅仅用于渡过某条河流的渡船。在古代的远洋航行中，并没有专门的客船，旅客往往只能搭乘货船前往世界各地。内河上也有许多中小型的客货两用船。

清院本《清明上河图》里的渡船

清《乾隆南巡图》里的黄河渡船

明代仇英《清明上河图》里的小型渡船

清代徐扬《姑苏繁华图》里的客船和渡船

清代徐扬《姑苏繁华图》里的篷船

篷船是一种小型的民用船，船中部有一顶用竹篾编织成的弧形风雨篷。这种船因为体量小，可以在各种宽度的水道上航行，用途非常广泛，可以载客，也可以运货，还可以当作渔船。

清代徐扬《姑苏繁华图》里的客货两用船

游船

游船行驶在风景秀美的河道或湖面上，乘船人的主要目的是观赏景色，享受船上的时光。装饰华丽的中小型游船又被称为“画舫”。高级的画舫配备齐全，人们可以在船内进行各种活动：吟诗作画、弹词唱曲、宴饮聚会。

明代仇英《浔阳琵琶图》里的游船

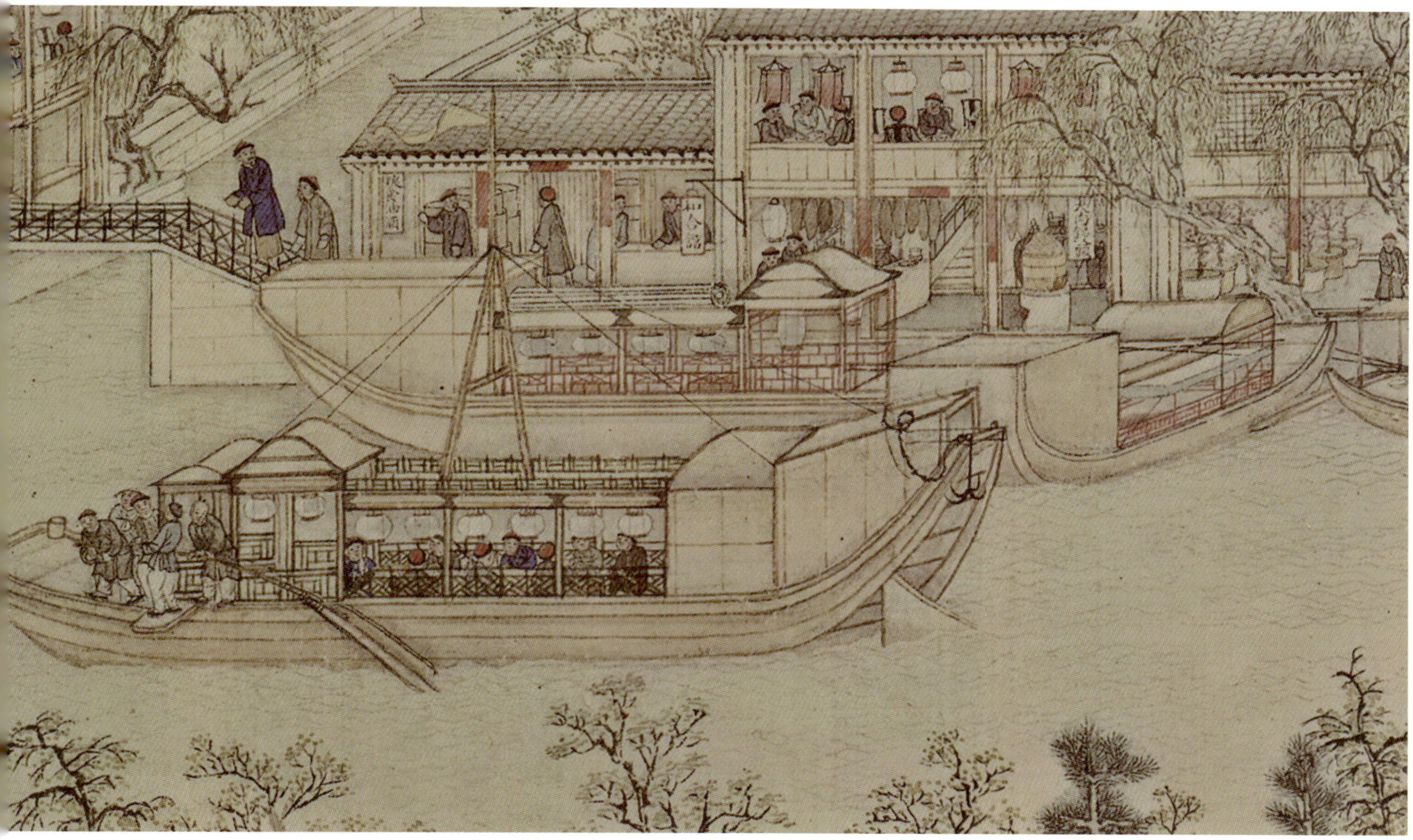

● 清代徐扬《姑苏繁华图》里的游船、灯船和沙飞船

▲ 灯船和沙飞船都是装饰豪华的游船。灯船上装饰百盏彩灯，夜晚出游，流光溢彩。沙飞船由扬州沙氏设计，内部装饰非常考究，造价昂贵。

座船

座船是古代的官用船，主要用于官员出行、出游、督战和运输少量官用货物与行李等，少数为官署所有，大多是民间临时征集来的，因此看起来与民用客船或游船没有太大区别，只是在船上增加了旗帜、仪仗之类的装饰。

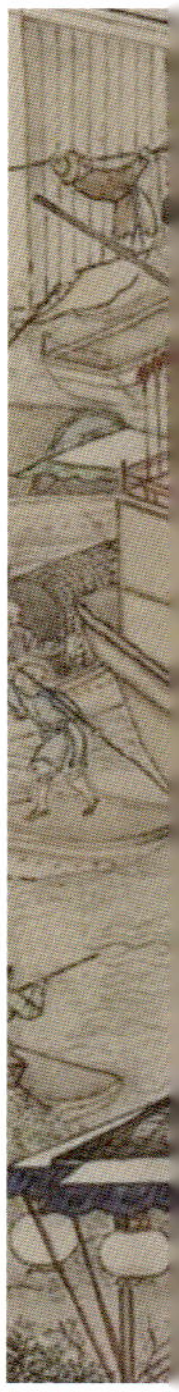

清《靖海全图》里的座船

清代徐扬《姑苏繁华图》里的座船

战船

战船是专门应用于水战的船，历史非常悠久，到明清时期已经发展出许多种类，用于不同的场合，比如小型的网梭船，作战时围拢而上，采用狼群战术歼敌；仿制荷兰战船建造的三桅炮船是主力战船，用于炮击。还有一种子母船，有大小两船，大的母船装有柴火猛油、火药火线，小的子船用绳索绑在母船上。战时母船迅速抵近敌船，与敌船连接后，点燃母船，然后乘子船返回。

● 子母船

● 网梭船

清《靖海全图》里的各式战船

货船

货船分为内河货运船和海运货船。内河货运船又分长途货运船和短途货运船。长途货运船船体宽大，船舱和顶棚都用来装货，大货船配有风帆。短途货运船则由许多小型船兼任。

海运货船，特别是远洋货船，多是体形较大的尖底船，立有多个桅杆，配有风帆，甲板下设有多个货舱。

清院本《清明上河图》里的货船

清代徐扬《姑苏繁华图》里的货船

漕船——古代货船里非常重要的一种

从隋唐到明清，各朝的都城大多建在西北或北方，而盛产粮食的却是江南地区。于是只能修建运河或沿着海岸把粮食从南方运到北方，这就是漕运。漕运用的船，就是漕船。漕船全是“高级定制品”，舱内做过防潮处理，以保证粮食的品质。

明《天工开物》中的漕舫图

清代徐扬《姑苏繁华图》里的漕船

四大船型

中国古代的海船，到明代已经发展得非常成熟，主要有沙船、福船和广船三大船型，也有学者认为浙船（或叫“鸟船”）当属于第四大类。

沙船

沙船源自长江口的崇明沙，是北方近海和海、河地带兼用的船型，其特点是底平，吃水浅，利于在浅水中航行。

福船

福船是福建沿海一带尖底木帆船的统称。在形态上，福船上部平稳，下部窄如刀刃，善于破浪而行。在郑和七下西洋的船队中，福船是重要的船型之一，郑和宝船很可能就是尖底福船。

广船

广船是岭南沿海一带古代木帆船的统称，是典型的尖底海船，多用铁力木等硬木制造，特别坚固，适合在海洋中航行。与其他船型相比，广船最主要的特点，一是帆形如张开的折扇；二是使用开孔舵，舵叶上有许多菱形的开孔。

浙船

浙船因船头似鸟嘴呈尖形，又称“鸟船”。典型船型是宁波、舟山、台州、温州一带的“绿眉毛”。绿色的长条形装饰带正好在船眼上部，好像眉毛一样。

船的外形各式各样，但它们的基本结构是一样的。

- 风旗
- 船旗
- 帆
- 桅杆
- 锚
- 圣母堂：设置神龛，供奉妈祖或观音
- 辘轳：升降帆的工具
- 水仙门：上下船的出入口
- 舵
- 子划：大船往往配有小船，用来应急或在岸边水浅处运输人或货物

造船的木材

中国的古船都是用木材建造的，造船木材的选用是确保木船质量的关键。一般来说要考虑以下几方面：

第一，质轻，受到更大的浮力。

第二，坚固，且具有一定强度，能抵御冲击和振动。

第三，容易加工，易于制成船的结构。

第四，具有良好的隔热性，在温度变化的情况下伸缩性小。

第五，不易燃，不易腐朽，不易被海蛆伤害。

木材受到外界因素影响时特征暴露显著，让人易于判断情况。

最常用的材种有松、杉、樟、榉等，全国各地往往就地取材，灵活选用。岭南地区常用铁力木造船。铁力木又称“铁犁木”“铁栗木”，坚固耐腐蚀，非常适合造船。

中国产的船用木材虽然多，但经过历史上的长期采伐，到明清时期已经很难满足造船的需求了，因此多从东南亚地区进口船用木材。

古船的推进工具
——桨、篙、橹、纤、桅杆与风帆

船要航行，少不了推进工具。在古代，船的推进只能依靠人力和风力，依靠人力的有桨、篙、橹、纤等工具，依靠风力的有风帆。

明代仇英《清明上河图》（局部）

纤绳
桅杆与风帆
橹
舵

桨

桨是最早出现的船舶推进工具之一。一般认为最早的桨就是人们的双手。人们坐在独木舟上，依靠两只手划水，使舟漂流得更快，或者降低水流的影响，渡过河流，甚至逆流而上。

篙

篙的出现和桨一样早。它的形制非常简单，就是一根长竹竿或木棒，用它支撑水底或岸边的物体，利用反作用力，使船朝推力的反方向前进。

篙通常在浅滩或者岸边使用，在水比较深的地方便很难派上用场了。但由于篙的使用非常灵活方便，一些长距离航行的河船或海船在靠岸时仍会使用篙，且为了方便使用篙，特地在船舷或船尾建造撑篙用的走廊，这是中国船只结构上独具一格的特点。

撑篙走廊

橹

橹的外形似桨，但比桨大得多，支在船尾或船侧的橹支纽上，入水一端的剖面呈弓形，另一端系在船上。用手摇动橹柄，使伸入水中的橹板左右划动，就像鱼儿摆尾一样，推动船只前进。

橹和桨的区别

桨在水中划动时做有用功，推动船前进，离开水面后的划动是无用功，对船的前进没有帮助。

橹利用杠杆原理，一直在水中左右划动，减轻了用桨划水时要把桨提出水面的笨重劳动，始终做有用功，且轻巧得连老人、妇女都能操纵。

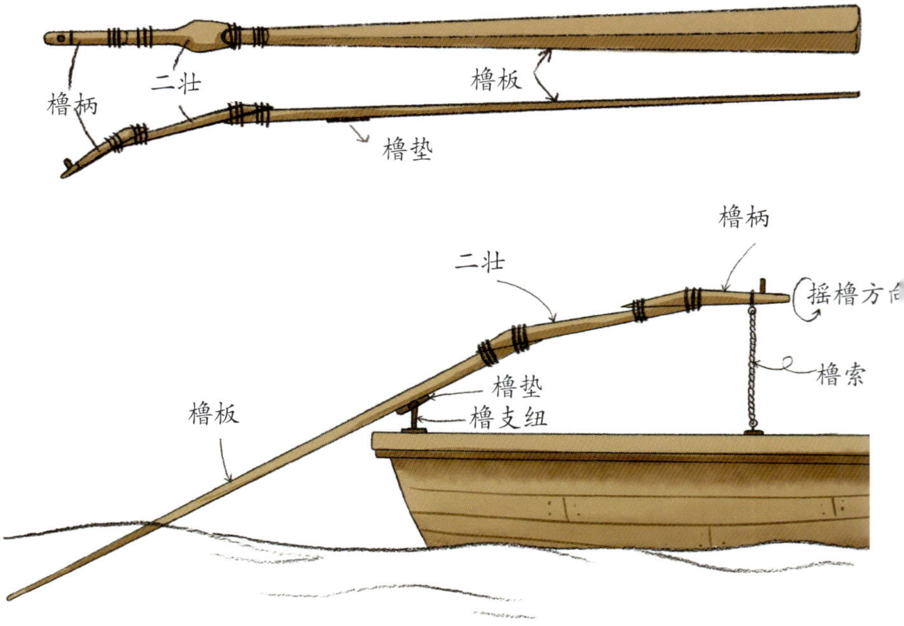

纤

当船逆风逆水、遇到险滩恶水或水较浅时，靠人力在岸上拉船也是古代推进船只的一个重要方式。

拉船的绳索叫作“纤”，通常由竹篾编成，既有较大的强度，又不怕湿，还耐腐蚀。

拉船的人一般称作“纤夫”。纤夫的工作非常辛苦，大的运输船往往需要许多个纤夫用尽浑身力气才可以拖动。为了凝聚力量，纤夫还会喊一口号子，如“嗨，嗨哟哟，嗬嗨，拖呀，拖、拖拖拖……”有些地方的纤夫号子还配有歌词，分领唱和合唱。

有桅杆的货船，纤绳的一端一般系在桅杆的顶端，这样可以减少水对纤绳的阻力，纤绳也不易被水浸湿。更重要的是，系于桅杆顶端的纤绳和桅杆都具有一定弹性，使拉纤的力具有脉冲性，船只可以更加平稳地前进。

桅杆与风帆

桅杆最早的用途是悬挂旗帜，后来风帆应用于航行，桅杆最重要的作用就变成了张帆。桅杆与风帆总是紧紧相连的。

中国的风帆最早出现在战国时期，较晚于国外，但到汉代已得到了广泛应用，并且开始使用多个桅杆和多个风帆。利用各帆之间的相互影响，适时调节帆的位置和帆角，随风力大小调节帆的面积，船就能更好地行驶了。

中国船帆有布帆，但最特别的是由竹子、蒲草等编织而成的硬帆。这种帆硬而重，虽然升帆的时候比较费力，但在遭遇危险时能够迅速解缆降帆，确保船的安全。

硬帆的最大优点和特点是可以更好地利用侧风。古代有“风有八面”之说，除了正逆风，硬帆皆可以利用。由侧向吹往硬帆的风，按空气动力学原理，可获得较大的升力，且阻力很小。此外，侧向风在产生对船的推进力的同时，还产生横漂力，使船能够横移。但由于横漂力作用在船舶重心之前，会使船向右旋转，这时候为了保持既定的航向，就需要船舵的配合了。

明代仇英《清明上河图》中船上的硬帆

风帆
桅杆

控制方向的舵

舵是操纵和控制航向的船属具。

对在浅水区或岸边航行的船舶而言，篙不仅可以作为推进工具，也可以用来控制航向。但当船舶在深水区航行时，就只能依靠舵来控制航向了。

操纵桨

舵发明以前，船舶在深水区航行时，主要靠桨来控制航向。大船往往配备许多桨，众多桨手划桨时，既要推进，又要控制航向，相当困难，于是桨手进一步分工，多数桨手以桨作为推动工具，另由一名桨手在船尾专门操纵航向。这种设于船尾的桨通常称为“操纵桨”，是舵的雏形。

汉代时，操纵桨进一步发展为舵，舵被安装在船尾正中的位置。船尾上部多修建舵楼，用来操纵船舵。由于航线上的水有深有浅，舵逐渐演进成可升可降的升降舵，依据水的深浅随时调节舵的高低。停泊时还可以把舵吊起来，放置在舵楼中。

▶ 舵如何改变航向

船舶行驶时，船尾的水流会在舵面上形成水压——舵压。如图所示，当舵向左转动一个角度 β，舵面受到水流的压力 F，F 对船的重心 G 形成一个力矩，将船尾推向右方，船首就相应地转向左方了。

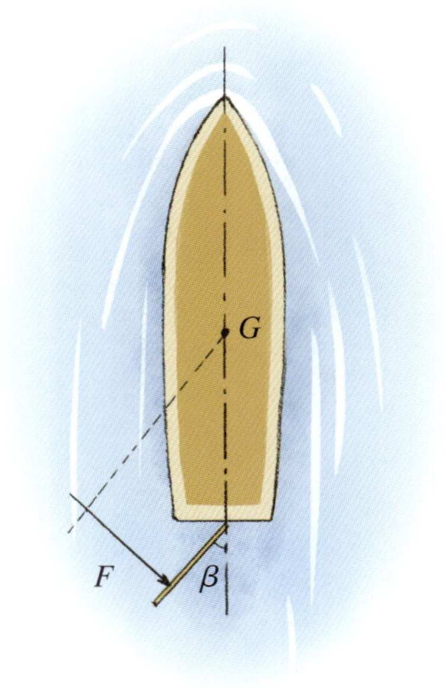

用于停泊的碇和锚

船用于航行，也需要在港口停泊。但水不是静止不动的，还不时有风吹过，船很容易随水流或风漂走。要让船安稳地停靠，就必须有专门固定船只的属具。

碇

最早的碇是用绳索网住石头做成的。船停泊的时候就把石头扔到水底，利用石头的重量来固定船只，开船时再利用绳索把石头提起来。因此停船也叫“下碇”，起航也叫“起碇”。

除了石质的碇，中国还有木碇。木碇用材质坚硬、比较有重量的木头制成，有两个爪，可以插入水底泥层中。汉代还有木石结合的碇，很好地结合了木爪的抓力和石碇的重量。

锚

锚与木碇的原理相似，铁质，从明代开始流行起来。四个方向的铁爪能够扎进泥土并牢牢抓住泥土。因为像猫的爪子，许多古代典籍里干脆把“锚”写作“猫”。

1
2
3
1 网兜形石碇
2 组合形木碇
3 明代铁锚

中国造船史上的重大发明
——水密舱

宋元时期开始普遍采用的水密舱，是中国造船史上的一项重大发明。

它用隔舱板把船舱分隔成一个一个互不相通的舱区。航行中如果有一两个船舱破损进水，水也不会流到其他船舱，船可以保持浮力，继续航行，到港后再进行修补。如果破损不严重，在航行中就可以对破损的船舱进行修补了。

除此之外，水密舱还有其他优点，比如可以利用不同船舱分装货物，方便货物的装卸和管理；水密舱的舱板和船壳板固定在一起，能够使船体更加坚固。

● 水密舱构造

中国的古船不仅安全牢固，能够乘风破浪，还非常美观，是实力与颜值并存的代表。下面来看看古船上都有些什么装饰吧。

船眼

中国传统木帆船的船首两侧，通常会装饰一对大眼睛，白底黑珠，炯炯有神，使整条船都可爱起来了。这就是船眼。

渔民们视渔船为“木龙”，乘龙出海，长风破浪，可保四海平安、年年有鱼。船眼就是龙目。后来货船也多装饰船眼。

船眼不是画上去的平面图像，而是多用樟木立体雕刻而成，用三枚或五枚铁钉固定，其中一枚铁钉必须钉在规定的位置：渔船钉在船眼下方，其他船钉在船眼前方。

船身雕刻和彩绘

古船中的雕刻、彩绘，主要装饰在船首、船尾、两舷和附属构件上。

船首多绘张口的猛虎、雄狮，船尾多绘展翅飞翔的大鹏、雄鹰，这些都是凶猛无比、镇恶辟邪的吉兽，是一种强大威慑力量的象征。

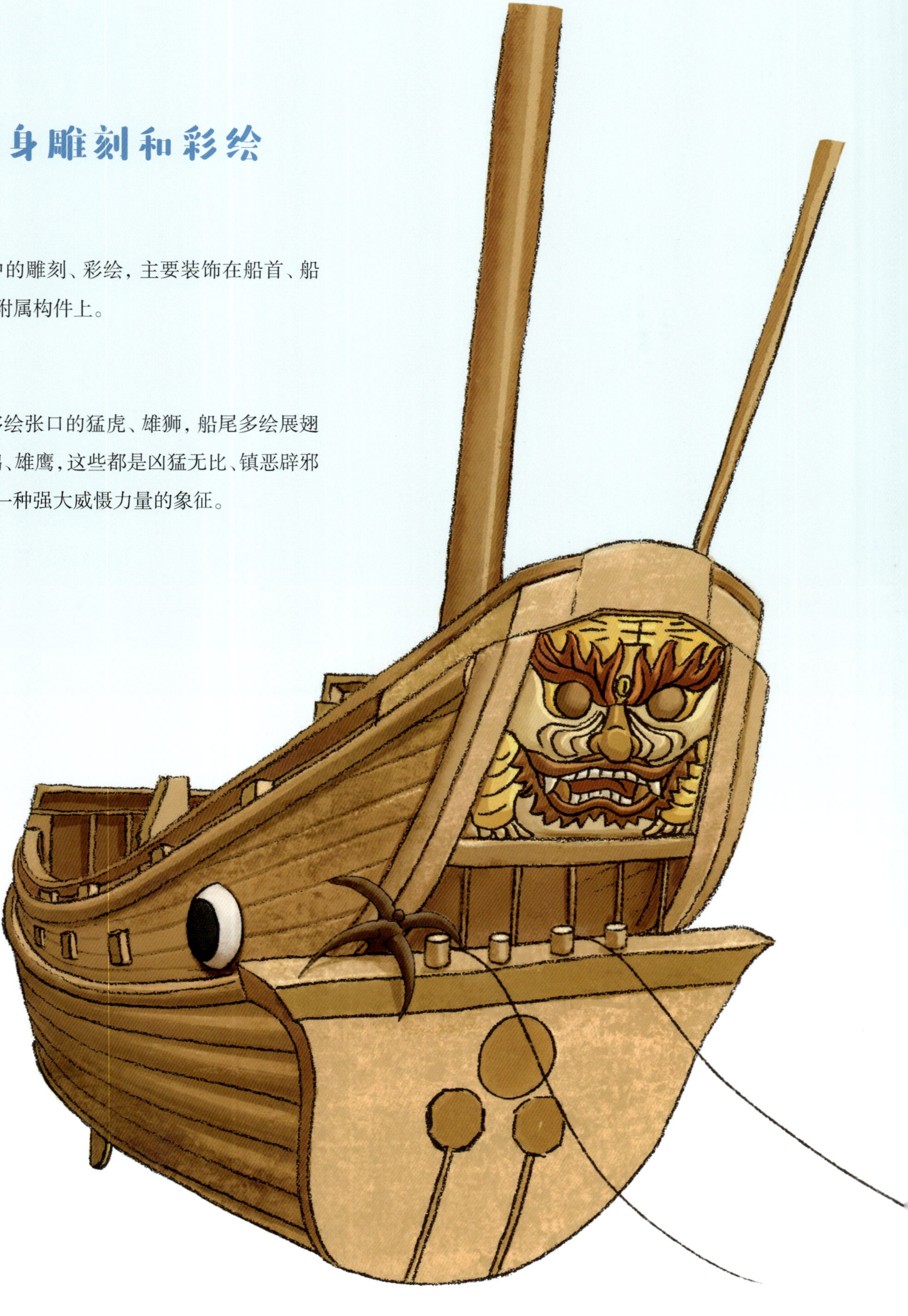

船尾封板面积较大，并且设有高大的尾楼，因此是船体装饰的重要部位。除了大鹏、雄鹰等，还常常彩绘太阳、海水、历史人物、历史故事，有时还写上船名或船主名。

船侧的装饰各地略有不同，主甲板以下的船壳面上多用石灰粉涂成白色，防止生虫。上部的舷墙板多涂黑色，也有在舷墙板上彩绘龙纹、云气纹、波浪纹等纹饰的。

清《康熙南巡图》中船侧绘有龙纹等纹饰的江船

船旗

古船的桅杆顶一般都配置有船旗。

船旗有识别船舶、联络航船、辨别风向的实际作用，而让船只看起来更加美丽也是它们存在的意义之一。

桅杆的上段设置有专门用来挂船旗和飘带的横杆。船旗有方形、长方形、半月形等不同形状，配有长条形的飘带，有的旗边和飘带呈锯齿状或水波状。不同地方的船旗和飘带的形制与颜色各不相同，有时还带有其他配饰。

日本人绘制的《唐船图》中彩旗招展的中国船

船行海上，彩旗招展，飘带飞舞，是多么美丽的风景。

现在，船已经准备好了，但要航行出海，还需要准备一些“高科技”工具。

指引方向靠指南针

指南针在古代称为罗盘，中国在宋代已经将罗盘用于航海。当时的罗盘多是水罗盘，中央盛水并放置磁针。明清时航海罗盘的运用更加普遍，并固定为一圈分为二十四等分的圆形方位盘。

- 二十四个方位分别以十二地支子、丑、寅、卯、辰、巳、午、未、申、酉、戌、亥，十天干中的八个甲、乙、丙、丁、庚、辛、壬、癸及八卦中的四卦乾、坤、巽、艮来表示。

- 宋 执罗盘陶俑（宁波中国港口博物馆藏）

明确位置靠牵星板

在海中航行仅仅辨明方向是不够的。若想要顺利前进，到达某个确定的目的地，还必须知道船在海中的位置。在周围没有任何标记物的茫茫大海中，古人只能依靠对星辰的观测来确定位置。

当时在海上观测星辰的工具是牵星板。大家知道，在相同的时刻，不同地区的星辰高度并不一样，牵星板就是通过测量特定星辰的高度来判断位置的工具。

- 一套牵星板包含十二块正方形的木板，木板大小各有差别。最大的一块长两分米有余。每一块板上都标有刻度，用“指”做单位，最大的一块为十二指，最小的为一指，如此类推。有的牵星板还配有一块用象牙制成的小方块，四角有缺口，缺口长度分别为半角、一角、二角和三角，其中半角是二分之一指。配合使用能让观测的高度值更加精细。

牵星板的使用

1. 先确定要测量的目标星辰。一般会选用稳定而容易辨别的星辰，如北极星、华盖星（由小熊座 β 星等组成）等，在南半球常选灯笼骨星（即南十字星）。

2. 将一根绳子穿过一块牵星板的中心，并把绳子拉直，绳端靠近嘴唇或眼窝处。

3. 牵星板要与海平面保持垂直，眼睛要看到板的上沿紧贴目标星辰所在的位置，下沿与水平线重合。注意：若星星的位置没有紧贴板的上沿，就需要更换其他尺寸的牵星板。

4. 利用牵星板上的刻度便可测出星辰的出水高度。对照古人记载的航海图所标注的目标星辰高度，确定船只目前所在的位置。

总结经验的海道经和航海图

准备好观测工具，就需要记录目标地点和去往目标地点的方法的书与图了。前人把航海的经验编制成海道经和航海图，以帮助后人更顺利地抵达目的地。

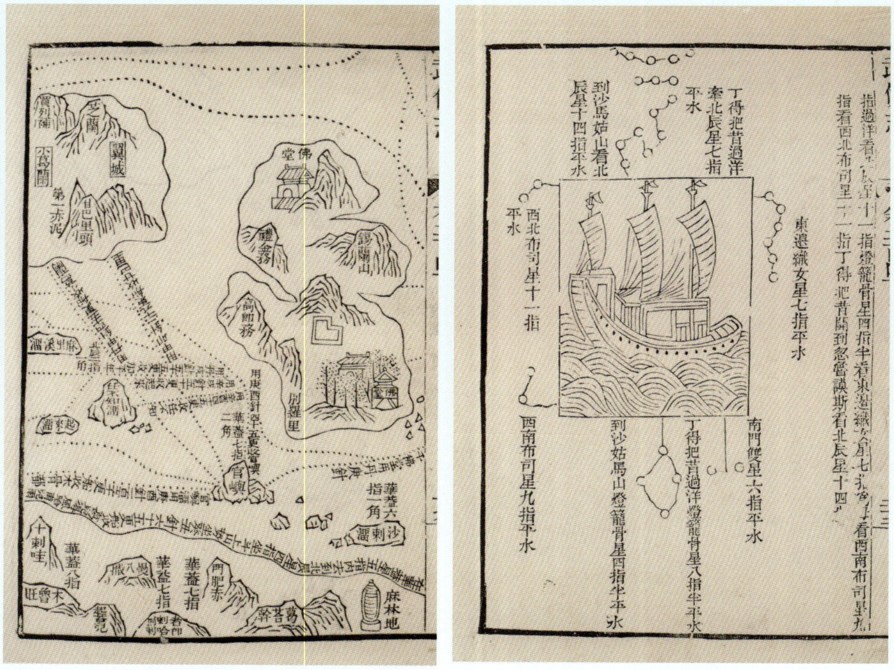

• 《郑和航海图》，原名《自宝船厂开船从龙江关出水直抵外国诸番图》，包含20页航海地图和4幅过洋牵星图。图中记载了亚非各国500多个地名和109条针路航线（指南针指示的航路）。航道远近、深度，以及航行的方向、牵星高度，甚至何处有礁石或浅滩，都一一注明。

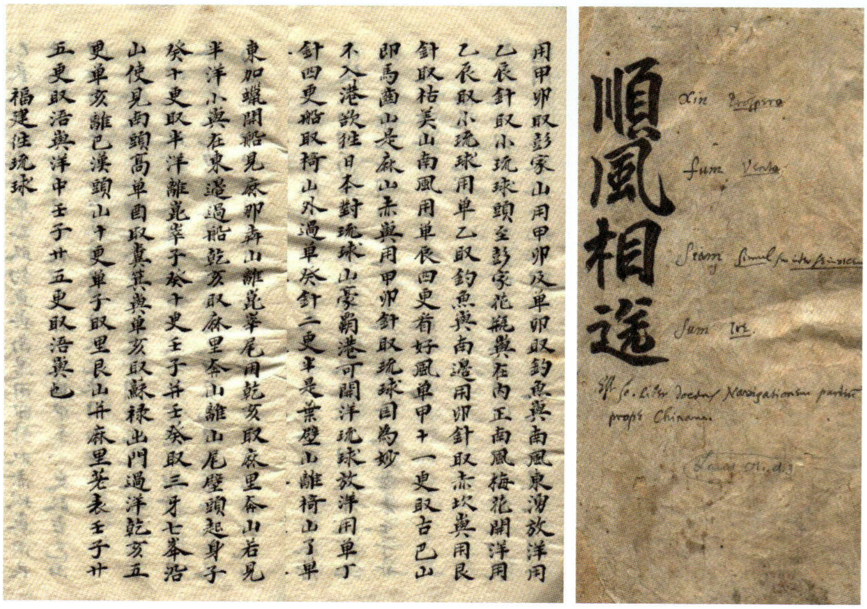

• 《顺风相送》是一本从明代流传下来的海道经，内容非常丰富，除记载了中国到东洋、南洋各港口的针路外，还记载了许多天文航海的口诀、歌诀，如《观星法》《定太阳出没歌》《定太阴出没歌》等。

测量水深的测深杆和测深砣

想要知道水的深浅就需要测深的工具。通过浅水航道时使用测深杆测量水深就足够了。测深杆又称“量水篙”，就是下部标有尺寸的长杆。

在深水航道，就需要用到测深砣。测深砣的长绳一端系有铅砣，使用时把铅砣抛到水底，根据绳子的入水长度测量水深。

辨别风向的风向标

在大海中航行，不可能像在内河或近海短途旅行那样，主要依靠人力来划行。风力才是远航的主要动力。中国从汉代开始就利用季风航行。季风能够在较长的时期保持一定的风向，但依然会有细微的变化，为了能更加顺利地航行，需要不时调整风帆的角度。因此，船上必须配有风向标来随时观测风的动向。

绍兴

海南商船

江苏偶见型

杭州商船　江苏偶见型　杭州商船　福建　福建

宁波渔船　舟山　宁波　温州商船　老闸船

温州小渔船

● 美国人 V. A. 索高罗夫绘制的中国不同地区的传统风旗

风向标又叫“风旗”，设立在木帆船主桅的顶端。一般是铁质，头部尖，尾部挂三角形旗或布筒，中间设有转动轴。由于三角形旗或布筒的兜风作用，风向标头部始终指着风的来向。各地船只都有自己独具特色的风向标。

心灵的寄托——神龛

大海茫茫，海上生活充满了危险，除了靠这些科学的航海工具，古人为了随时能祈求神灵的庇佑，往往会在船尾的舱室里专门设置神龛，供奉妈祖、观音等神灵，甚至还会专门设立一个特殊职务——“香公”，负责祭祀神灵。

● 清 妈祖木雕像（宁波中国港口博物馆藏）

▲ 妈祖，原名林默，福建莆田人，相传在生前便具有预知未来和治疗疾病的神通，死后魂魄徘徊于海上，庇护、保佑航海的渔民和商旅。
从宋代至清代，历代朝廷曾褒封妈祖 30 余次，妈祖也逐渐演变为中国民间海神崇拜的重要对象之一。我们常说的“天后”“天后娘娘”“天妃”“天妃娘娘”也都指妈祖。

● 清 德化窑白釉瓷观音立像（宁波中国港口博物馆藏）

▸ 观音，或称观世音菩萨，来自佛教，是慈悲和智慧的象征。信徒们相信，无论遇到任何困难和痛苦，都可以祈求观世音菩萨的保佑。在中国的江苏、浙江、福建、台湾等地，观音信仰非常普遍。这些地方都是海上贸易的出发点，船员也多来自这些地区，因此，观音也就成了航海时的主要祈祷对象之一。

好了，现在一切准备就绪，一起出海航行吧！

图书在版编目（CIP）数据

古船与航行的秘密 / 宁波中国港口博物馆编著 .—
宁波：宁波出版社，2022.2
ISBN 978-7-5526-4424-1

Ⅰ . ①古 … Ⅱ . ①宁 … Ⅲ . ①航海—交通运输史—中国—古代—少儿读物②海船—中国—古代—少儿读物
Ⅳ . ① F552.9-49 ② U674-092

中国版本图书馆 CIP 数据核字（2021）第 226505 号

古船与航行的秘密

宁波中国港口博物馆　编著

出版发行　宁波出版社
地址邮编　宁波市甬江大道 1 号宁波书城 8 号楼 6 楼　315040
网　　址　http://www.nbcbs.com
责任编辑　张利萍
责任校对　虞姬颖
装帧设计　金字斋
插　　画　金　钰
开　　本　889mm × 1194mm　1/16
印　　刷　宁波白云印刷有限公司
印　　张　5
字　　数　100 千
版次印次　2022 年 2 月第 1 版　　2022 年 2 月第 1 次印刷
标准书号　ISBN 978-7-5526-4424-1
定　　价　78.00 元